Aktienmarkt Investieren für Anfänge

Von: Giovanni Rigters

Inhaltsverzeichnis

Wichtiger Haftungsausschluss

Einleitung

Es ist an der Zeit, Ihr finanzielles Leben ernst zu nehmen und an die Zukunft zu denken. Niemand kann und sollte sein ganzes Leben arbeiten; Sie wollen das Leben auch noch genießen, viel Zeit mit Ihrer Familie verbringen und Ihr Körper wird Sie nicht für immer arbeiten lassen. Heutzutage können Sie sich nicht auf eine Rente wie "in den guten alten Zeiten" verlassen.

Es liegt also an Ihnen und niemand anderem, die richtigen Schritten in Richtung Reichtum zu machen. Der Vorgang ist nicht schwer, aber Sie werden aufmerksam sein und ein wenig Zeit darauf verwenden müssen, etwas über das Investieren zu lernen. Da führt kein Weg daran vorbei.

Es gibt viele Möglichkeiten, wie Sie investieren können und es gibt viele verschiedene Anlagekonten auf dem Markt, es ist nicht zu schwer oder kompliziert, sich durch den Investmentdschungel zu schlagen. Es ist auch sehr wahrscheinlich, dass Sie es genießen und es auf nächste Level bringen, indem Sie in individuelle Unternehmen investieren.

Zuerst beginnen wir mit den Grundlagen, was ist die Börse und was ist der Aktienmarkt. Wir befassen uns damit, wie man Geld verdient und was Sie tun müssen, wenn es einen Börsencrash gibt. Dann werden wir uns häufige Missverständnisse und Irrtümer ansehen, die Menschen auf dem Aktienmarkt machen. Also folgen Sie mir, wenn wir diesen Dschungel auf unserem Weg ins Paradies durchqueren.

Kapitel Eins: Was sind Aktien? Der einfachste Weg, um reich zu werden

Eine Aktie ist einfach gesagt ein Stück einer Firma. Eine Aktie stellt Eigentum dar und ist ein Gewinnposten, den Sie kaufen können. Die Menschen, denen diese Aktien gehören, nennen sich Aktienhalter.

Schauen wir uns mal ein Beispiel an. Wenn Sie und Ihre Familie Kuchen oder Pizza essen, die jeweils 8 Stücke haben, dann wird jeder mindestens ein Stück bekommen. Von acht Stücken bekommen Sie eins und Ihr Vater zwei.

Sie bekommen 1/8 oder 12.5% der Pizza und Ihr Vater bekommt 2/8 oder 25%.

Unternehmen funktionieren auf die gleiche Art und Weise, aber statt 8 Aktien könnten sie Aktien in Millionen- oder sogar Milliardenhöhe besitzen.

McDonalds hat 797 Millionen Aktien im Umlauf. Walmart hat 2.9 Milliarden und Facebook hat 2.3 Milliarden Aktien im Umlauf.

Umlaufende Aktien ist ein Begriff, der genutzt wird, um die Gesamtmenge von Unternehmeranteilen an der Börse zu erklären. Aktienhalter können diese unter sich kaufen und verkaufen. Aktienhalter können Menschen oder verschiedene Arten von Institutionen sein.

Sie sind auch nicht auf den Ort beschränkt, wenn Sie investieren, denn Sie können Aktien von Unternehmen weltweit kaufen. Wenn Sie also Aktien von Unternehmen in den Niederlanden oder sogar Brasilien kaufen wollen, können Sie das tun.

Was Sie beachten müssen, ist, dass es zwei Arten von Aktien auf dem Markt gibt, Wachstumsaktien und Einkommensaktien.

Unternehmen, deren Aktienpreis schnell steigt, wie z. B. bei Technologieunternehmen sind Wachstumsaktien, z. B. Facebook und Twitter. Das sind schnell wachsende Unternehmen und jegliches Einkommen, das sie erzeugen, geht zurück in das Unternehmen für weiteres Wachstum und Expansion.

Einkommensaktien, meine Lieblingsaktien, sind Aktien, die ihren Aktienhaltern regelmäßig Dividende zahlen. Das geschieht normalerweise vierteljährlich, aber es kann auch monatlich, halbjährlich oder jährlich geschehen.

Die Unternehmen, die es sich leisten können ihren Aktienhaltern Einkommen zu zahlen, sind gut etablierte Unternehmen wie Procter&Gamble oder die Pepsi Firma.

Es gibt Vorteile daran, sowohl Wachstums- als auch Einkommensaktien zu besitzen. Wachstumsaktien haben das Potenzial schnell an Wert zuzulegen, aber sie sind auch unbeständig und riskant. Einkommensaktien dagegen bieten einen beständigen Strom von Dividenden Einkommen, aber die Aktie selbst nimmt nicht so schnell an Wert zu wie eine Wachstumsaktie.

Für diese zwei Arten von Aktien gibt es auch zwei verschiedene Arten von Investoren, Wachstumsinvestoren und Wertanleger.

Wachstumsinvestoren lieben es, wenn sie sehen, wie ihr Aktienpreis an Wert zunimmt, das nennt man auch Kapitalertrag. Sie sind auch eher gewillt, ein größeres Risiko für eine noch größere Belohnung auf sich zu nehmen.

Wertanleger analysieren gerne Unternehmensmetrik und Zahlen und warten gerne, bis der richtige Zeitpunkt kommt, um Aktien in einem Unternehmen zu kaufen. Wertanleger sind gut darin, gute Unternehmen zu entdecken, die beständige Performer sind und auch in der Zukunft dazu neigen, beständig zu sein, basierend auf dem Produkt oder den Leistungen, die sie auf dem Markt verkaufen, in dem sie sich befinden.

Sie glauben vielleicht, dass Sie jede Menge Geld brauchen, um Aktien zu kaufen oder Millionär sein müssen. Das ist nicht richtig, Sie können anfangen, indem Sie eine Aktie in einem Unternehmen kaufen.

Während ich das hier schreibe, sehe ich, dass die Nike-Aktie für 60$, Coca-Cola für $46 und Twitter für $21 verkauft wird. Nun, das ist keine Befürwortung, diese drei Aktien zu kaufen. Es ist einfach ein Beispiel, dass Sie nicht tausende von Dollar ausgeben müssen, um Aktien zu kaufen.

Jetzt da die langweilige Definition abgeschlossen ist, lassen Sie uns einen Blick darauf werfen, wie Menschen mit Aktien reich werden.

Die vier Hauptmöglichkeiten, wie Menschen reich werden, sind:

- Kapitelgewinne
- Dividende
- Baissespekulation
- Optionshandel

Die letzten beiden Punkte erfordern ein wenig Kenntnisse und Arbeit und sind nicht so passiv wie die ersten beiden.

Kapitalgewinne geschehen, wenn Ihre Aktien an Wert gewinnen. Das Schöne daran ist, dass Sie überhaupt nichts dafür tun müssen, es ist alles passiv.

Sagen wir einmal, Sie haben 10 Aktien im Wert von $46 Coca-Cola-Aktien am Dienstag gekauft, sodass Ihre Aktien $460 wert sind. Am Freitag gingen die Aktien auf $52 hoch.

Ihre Aktie (Kapital) hat sich erneut erhöht (Gewinn). Ihre Investition ist jetzt $520 wert.

Ihr Kapital erhöht sich also um $60. Wenn Sie jetzt 100 oder sogar 1000 Aktien besitzen, die sich um $6 erhöhen, dann würde es noch besser aussehen.

Mit Dividenden werden Sie reich, indem Sie konstant Dividende zahlende Aktien kaufen und diese Dividende erneut investieren. Sie genießen ebenfalls den Dividenden Anstieg von den Unternehmen selbst.

Mit Dividenden ist es eher wie ein **Schneeball Effekt.** Am Anfang ist Ihr Einkommen niedrig, aber nach ein wenig Zeit steigt es exponentiell an und erlaubt Ihnen von Ihrem Dividenden Einkommen zu leben, ohne jemals Ihre Aktien verkaufen zu müssen.

Investieren, um reich zu werden, sollte Ihr langfristiges Ziel sein.

Kapitel Zwei: Was ist der Aktienmarkt?

Der Aktienmarkt ist wie jeder andere Markt, wo Käufer und Verkäufer zusammenkommen, um Waren oder Dienstleistungen zu handeln.

Denken Sie an den Automarkt. Sie sind der Käufer, der interessiert ist, ein neues rotes Auto zu kaufen. Sie werden zum Autohaus gehen, wo Sie von einem eifrigen Verkäufer begrüßt werden. Sie zeigen Ihnen das neuste Automodell und nach ein wenig hin- und her überzeugen Sie sie davon, das Auto zu kaufen.

Der Aktienmarkt oder die Wertpapierbörse funktioniert genauso, aber statt des Autos ist das Produkt ein Aktienanteil.

Die zwei bekanntesten Wertpapierbörsen in Nordamerika sind die New Yorker Börse und NASDAQ. Auf diesem Aktienmarkt können Sie Anteile an Firmen wie Snapchat, Apple und Starbucks kaufen.

Eine der vielen Unterschiede zwischen der New-Yorker-Aktienbörse und der NASDAQ ist, dass die New-York-Aktienbörse traditionelles Handeln anbietet, während die NASDAQ elektronisch ist.

Traditionelles Handeln geschieht von Angesicht zu Angesicht, wo Käufer und Verkäufer der Börse im Börsensaal Aufgaben ausführen. Bei NASDAQ geschehen alle Bestellungen elektronisch durch Computer und Telefon.

Viele kleine und aufstrebende Unternehmen können über den Ladentisch gehandelt werden oder sind außerbörslich gehandelte Option.

In der Vergangenheit waren Aktienmärkte nur den Reichen und wohlhabenden Personen zugänglich. Aber seitdem die Türen für das gewöhnliche Publikum geöffnet wurden, ist es eines der Hauptmittel, um Wohlstand zu erzeugen.

Der Markt ist schon oft in der Vergangenheit zusammengebrochen und Menschen haben alles oder das meiste ihres Geldes verloren. Ein Börsencrash erzeugt Angst in den Herzen von vielen Aktienhaltern, denn viele Aktienhalter haben ihre Rente und Vermögen in den Aktienmarkt investiert.

Warum geht der Markt auf und ab und bricht alle paar Jahre zusammen? Zur Erklärung müssen wir sowohl die kurzfristige als auch die langfristige Betrachtung heranziehen.

Kurzfristige Marktschwankungen können von allem ausgelöst werden, wie Aktienhalter Spekulationen, schlechte Nachrichten über eine Branche, Veränderungen in der Regierungspolitik, Unternehmensmeetings oder eine Überschreitung ihrer gesetzten Ziele und die Liste geht noch weiter.

Ich erinnere mich noch an das Jahr 2006 oder 2007, da gab es ein bekanntest Fast Food Restaurant in New York, dass gezwungen wurde zu schließen, weil der Ort ein Rattenplageproblem hatte.

Selbst nach dem es geschlossen wurde, konnten Sie noch die riesigen New Yorker Stadtratten im Restaurant hin und her rennen sehen.

Schlechte Nachrichten wie diese liessen die Aktienhalter ausflippen und die Firma erlebte einen Abstieg in ihrem Aktienpreis.

Nachdem ein wenig Zeit vergangen war, stieg der Aktienpreis wieder. Sie wissen wahrscheinlich, über welches Restaurant ich spreche, aber wenn nicht, dann können Sie eine schnelle Suche im Internet machen oder besser gleich Youtube nutzen.

Schwankungen auf dem Aktienmarkt werden von dem Marktzyklus beeinflusst, in dem sie sich befinden. In Zeiten des Wohlstands befindet sich der Aktienmarkt in einer Hausse, was einen Aufwärtstrend bedeutet.

In Zeiten von wirtschaftlicher Not und Unsicherheit neigt der Aktienmarkt dazu, sich in einen Bear Market zu verwandeln, mit einem Abwärtstrend.

Außer dass Sie Aktien kaufen können, können Sie auch Anlagefonds, Anleihen, Termingeschäfte, Optionsscheine, Rohstoffe, Indexfonds und ETFs auf dem Markt kaufen.

Unternehmen auf dem Aktienmarkt sind alles öffentlich gehandelte Unternehmen. Das heißt, dass dieses Unternehmen transparent mit ihren Aktienhaltern über ihre geschäftlichen Aktivitäten sein müssen.

Sie müssen einen vierteljährlichen Bericht genannt 10Qs sowie jährliche Berichte, genannt 10 Ks zusammen mit einem jährlichen Bericht präsentieren.

Um an der Börse gelistet zu werden, geht ein privates Unternehmen auf dem Primärmarkt durch einen Börsengang an die Öffentlichkeit, sodass seine Aktien auf dem Sekundärmarkt gekauft und verkauft werden können, also dem Markt, zu dem normale Investoren wie Sie und ich Zugang haben.

Ein Unternehmen macht nur Geld während des IPOs, indem es seine Aktien der Öffentlichkeit verkauft. Es liegt in den Händen der Aktienhändler, die miteinander handeln können.

Natürlich bleibt das Unternehmen der Eigentümer der meisten ihrer Aktien und sie können Aktien zurückkaufen, wenn es finanziell oder unternehmerisch Sinn macht.

Trotz all dieser verschiedenen Risiken, die es auf dem Aktienmarkt gibt, investieren viele Menschen immer noch darin, weil es sich langfristig als einen guten Wohlstandsaufbau erwiesen hat.

Kapitel Drei: Wie Sie Aktien kaufen

Ehe Sie sich eine Aktie oder mehrere Aktien kaufen, müssen Sie ein Ziel haben, dass Sie erreichen wollen.

Wollen Sie für Ihre Rente investieren? Wollen Sie Aktien kaufen, weil Sie glauben, dass Sie schnell Geld machen können? Oder vielleicht wollen Sie es einfach mal ausprobieren und einfach ein wenig Erfahrung gewinnen.

Beantworten Sie die wohlüberlegte Frage, was Ihr Ziel ist, das wird festlegen, welche Art von Investor Sie sein werden, wie viel Geld Sie brauchen werden und wie lange Sie Aktien halten sollten, die Sie kaufen wollen.

Beantworten Sie diese Frage, das legt auch fest, ob Sie ein kurzfristiger oder langfristiger Investor sind.

Kurzfristige Investoren kaufen und verkaufen häufig innerhalb eines Tages oder innerhalb von ein paar Wochen. Diese Händler nennt man Tageshändler und Swing Trader. Diese Händler wollen schnell Geld machen, indem sie günstig einkaufen und hoch verkaufen oder Leerverkäufe kaufen. Sie sind jeden Tag, an dem der Börsenmarkt geöffnet ist, in ihren Händlerkonten und suchen nach Möglichkeiten, um Gewinn zu machen.

Langfristige Investoren haben eine andere Herangehensweise. Sie haben immer noch ein Auge darauf, wie ihre Aktien sich machen. Aber sie nehmen die langfristige Herangehensweise, indem Sie Aktien kaufen und sie für 5, zehn oder noch mehr Jahre halten. Wenn Sie für Ihre Rente investieren wollen, sollten Sie die langfristige Herangehensweise wählen.

Sie sollten sich selbst die Frage stellen, wie viel Risiko sie auf sich nehmen wollen, wenn Sie Aktien kaufen. Der Aktienmarkt kann sehr schwankend sein und Sie können viel Geld verlieren, wenn Sie nicht vorsichtig sind.

Wenn Sie ein junger Investor sind, der ein wenig Geld zum Spielen hat und dem die kurzfristigen Schwankungen des Markts nichts ausmachen, dann können Sie ein hohes Risiko eingehen.

Aber wenn Sie auf die Rente zugehen und sparen und Ihr Geld wachsen lassen wollen, dann sollten Sie sehr vorsichtig beim Investieren und Aktien kaufen sein.

Es ist auch eine gute Idee, mit einem Finanzberater oder Finanzplaner zu sprechen.

Um zu investieren, brauchen Sie ein Anlagekonto. Dieses Konto gibt Ihnen Zugang zum Kauf und Verkauf von Aktien, die sich auch Stammaktien nennen. Es gibt viele Arten von Konten auf dem Markt, aber die bekanntesten sind 401k, IRA, Roth Ira, traditionelle Maklerkonto, die 403b und das Bildungssparkonto, dass sich auch ESA nennt.

Die 401k und 403b sind nur durch Ihren Arbeitgeber erhältlich, wenn sie sich entscheiden, sich für diese Konten anzumelden. Unternehmen bieten auch bestimmte Prozente oder Dollarbeträge, um ihre Angestellten zu ermutigen, an den Plänen teilzunehmen. Es gibt jedoch eine Grenze, wie viel Sie bei 401k oder 403b beitragen können.

Die IRA, die für ein individuelles Rentenkonto steht, und die Roth IRA sind beide Rentenkonten, die Sie bei einer Investmentfirma, Bank oder einer Kreditgenossenschaft einrichten können.

Es gibt drei Unterschiede zwischen IRA und 401k, das sind der begrenzte Betrag, Unternehmensmatch und Auswahl der Investmentoptionen. IRAs und Roth IRAs haben immer eine niedrigere Grenze im Vergleich zu 401k, IRAs bieten auch keinen Firmenvergleich.

Wo IRAs und Roth IRAs herausstechen, ist, dass sie es Ihnen ermöglichen, in alles zu investieren, was Sie wollen. Investieren durch einen 401k ist immer eingeschränkt von dem, was das Unternehmen für seine Angestellten ausgewählt hat, das sind zielgerichtete Rentenfonds, eine eingeschränkte Auswahl von Anlagefonds und Index Fonds und keine individuellen Aktien, aus denen Sie wählen können, außer die Firma ermöglicht es Ihnen, einige ihrer Aktien zu kaufen.

Sie müssen sich nicht entscheiden, ob Sie einen 401k oder IRA einrichten, denn Sie können beides haben.

401k und IRA bestrafen Sie, wenn Sie Geld abheben, ehe Sie 59 einhalb sind. Sie bekommen eine 10% Strafe und sehr wahrscheinlich werden Sie auch Steuern zahlen müssen.

Hier kommen die traditionellen Brokerkonten ins Spiel. Das Brokerkonto ermöglicht es Ihnen, Ihr Geld jederzeit abzuheben, aber Sie werden dennoch Steuern auf Ihre Kapitalgewinne und Dividende zahlen müssen, aber Sie bekommen keine 10% Strafe.

Mit all den verschiedenen Arten von Konten auf dem Markt ist es schwer, eine auszuwählen und zu beginnen, lassen Sie mich Ihnen also erzählen, was ich getan habe. Erst habe ich mich bei 401k angemeldet und meinen Unternehmenszuschlag erhalten, dann habe ich ein Roth IRA mit einem Diskontmakler eröffnet und dann ein gewöhnliches Brokerkonto. Denken Sie daran, dass Sie in der Anzahl der Investmentkonten nicht eingeschränkt sind.

Einige der Spitzen Maklerfirmen sind:

- Ally
- E-Trade
- TD Ameritrade

Ein Konto zu eröffnen ist also recht einfach. Gehen Sie einfach zur Investmentwebseite und klicken Sie auf den "Konto öffnen" Button. Sie können auch einfach anrufen und es wird Ihnen gerne dabei geholfen, ein Konto zu eröffnen.

Um Aktien zu kaufen, müssen Sie das Symbol des Unternehmens anklicken, bei dem Sie Aktien kaufen wollen. Das Tickersymbol ist das eindeutige Kürzel des Unternehmens auf dem Aktienmarkt, z. B. wurde die Pepsi Company unter dem Tickersymbol **PEP**, Amazon unter **AMZN** und Walt Disney unter **DIS** gegründet.

Sobald Sie das Tickersymbol kennen, können Sie herausfinden, welchen Preis die Aktie hat und wie viele Sie kaufen wollen. Gehen Sie zu Ihrem Brokerkonto und loggen Sie sich ein, gehen Sie zur Handelsoption und geben Sie die Anzahl der Aktien ein, die Sie kaufen wollen.

In meinem Beispiel unten wollen wir 5 Coca-Cola-Aktien kaufen. Jetzt müssen wir einen Bestelltyp auswählen. Dann wählen wir die Marktbestellung, was heißt, wir müssen die Aktie zu dem aktuellen Marktpreis kaufen.

Action	Shares	Symbol	Price
○ Buy	5	KO	● Market
○ Sell			○ Limit
○ Sell Short		○ Find Stock Symbol	○ Stop
○ Buy to Cover		Preferred Stock Format	○ Stop Limit
			○ Market on Close

Advanced Orders: [　　　　　　　　] ▲▼

Preview Order

Disable Preview Step

Dann können Sie Ihre Bestellung sehen, Sie sehen, was Sie kaufen, wie viele Aktien Sie kaufen, Ihre Kommission, Ihre Handelsgebühr und Ihre Gesamtbestellung.

Please Review Your Order Carefully

Account: 38721198 - Individual Account

Action	Amount	Symbol	Description	Price	Duration	Qualifiers
Buy	5 Shares	KO	COCA-COLA CO (THE)	Market	Day Order	None	Modify

Estimated Commission: $4.95
Estimated Order Total: $237.90

Place Order

Drücken Sie auf Bestellen und wenn Sie zu den normalen Zeiten handeln, also Montag bis Freitag um 09:30 Uhr, Eastern Time wird ihre Bestellung sofort ausgeführt und Ihr Handelskonto wird sich mit den Aktien aktualisieren, die Sie gerade gekauft haben.

Das ist also ein recht einfacher Vorgang. Das Wichtigste ist, die Aktien zur richtigen Zeit zu kaufen, indem Sie sich sowohl die technischen und grundlegendsten Analysen eines Unternehmens ansehen.

Kapitel Vier: Der Aktienmarkt wird zusammenbrechen! Das sollten Sie tun

Ein Börsencrash tritt auf, wenn es einen dramatischen und rasanten Abfall in den Aktienpreisen in vielen Branchen oder Industrien gibt. Dieser Rückgang kann innerhalb von einigen Tagen geschehen oder manchmal auch ein paar Tage dauern, bis der Tiefpunkt erreicht ist, um es mal so zu sagen. Dieser Abfall ist so bedeutend, dass der Aktienmarkt früh schließt, um zu vermeiden, dass die Aktienpreise noch weiter fallen.

Eine **Aktienmarktkorrektur** sollte nicht mit einem Crash verwechselt werden. Eine Korrektur findet statt, wenn der Markt überbewertet ist und durch eine Herabsetzung auf die jeweilige Bewertung korrigiert werden muss. Marktkorrekturen passieren oft und normalerweise halten sie nicht lange an, denn sobald sie angepasst wurden, geht es wieder zur Tagesordnung über.

Ein Crash jedoch geschieht, wenn die Hölle losbricht und der Himmel einstürzt. Sie werden Nachrichtensprecher hören, die das Ende der Welt predigen, und Sie werden Politiker erleben, die sich gegenseitig die Schuld für die Politik geben, die zum Crash geführt hat.

Ein Börsencrash kann von vielen Ereignissen beeinflusst werden, wie z. B. eine wirtschaftliche Depression oder Rezession, Instabilität in den Ländern und die Spekulationen der Aktionäre, die Aktien so sehr in die Höhe treiben, dass sie eine Börsenblase bilden.

Das ist rein emotional und alle Logik wird dabei über Bord geworfen. Die Blase zerplatzt am Ende immer und Aktienhalter beginnen vor Panik zu verkaufen. Wenn das passiert, müssen Sie natürlich ruhig bleiben, wenn Sie panisch reagieren, werden Sie Fehler machen.

Das Erste woran Sie denken müssen, ist, dass wir auch in der Vergangenheit schon Crashs hatten. Jeder war anders, aber wir lassen uns nicht unterkriegen.

Wenn Sie kurzfristiger Investor sind, dann ist das der richtige Zeitpunkt für **Blankoverkauf**, das ist die Handlung Aktien zu leihen, sie dann zu höherem Marktpreis zu verkaufen und sie dann zu einem geringerem Marktpreis zurückzukaufen und schließlich diese geliehenen Aktien zurückzugeben, die Differenz ist Ihr Profit.

Wenn Sie in Rente sind oder kurz davor, in Rente zu gehen, dann sollte Ihr Geld in sichereren festverzinslichen Vermögenswerten angelegt sein. Ich spreche über die Anlagen wie Anleihen, Bargeld, Geldmarktkontos, Sparkonten und Jahreszinsen.

Nur ein kleiner Prozentsatz sollte in Aktien angelegt werden. Wenn Sie ein langfristiger Investor sind, dann halten Sie weiterhin an Ihrer Anlagestrategie fest, wöchentlich, zweiwöchentlich oder sogar monatlich Anlagen zu kaufen.

Was Sie tun, nennt sich **Durchschnittspreismethode.** Dabei investieren Sie regelmäßig einen festen Dollarbetrag, um Anlagen zu kaufen. Wenn Sie durch Ihren Arbeitgeber in 401k investieren, dann nehmen Sie bereits an der Durchschnittspreismethode teil, denn das Geld wird von Ihrem Gehalt abgezogen und wird wöchentlich, zweiwöchig oder monatlich investiert, egal was auf dem Markt passiert.

Der Vorteil davon ist, dass es Ihre Emotionen ausschaltet, weil Ihr Geld in guten und in schlechten Zeiten investiert ist. Sie kaufen also Anlagen, wenn sie sowohl teuer und günstig sind, was einen Durchschnittswert ergibt.

Der größte Vorteil, während eines Börsencrashs zu investieren, ist, dass Sie günstig Aktien kaufen können. Das ist wie wenn Sie Ihren Laden im Ort besuchen und alles dort mit 40% Rabatt zum Verkauf steht. Also diese neuen schwarzen Schuhe, die Sie haben wollten, sind jetzt 60% günstiger. Das neue MacBook, das Sie kaufen wollten … 50% günstiger.

Ich weiß, dass die meisten Menschen nicht gerne etwas kaufen, wenn der Markt zusammenbricht, aber gerade dann ist die Durchschnittspreismethode ihr verlässlicher Freund. Indem Sie Aktien kaufen, solange sie billig sind, erhöhen Sie auch Ihren Zinseszins, d.h. die Zinsen, die Sie auf Ihren ursprünglichen Anlagebetrag erhalten haben und die mit den zuletzt erhaltenen Zinsen aufgezinst werden.

Mit anderen Worten Sie machen Zinsen auf Ihre Zinsen.

Während alle um sie herum panisch Verlustgeschäfte machen und ihre Anlagen verlieren, kaufen Sie ganz ruhig weitere Anlagen durch die Durchschnittspreismethode sowie unterschätzten individuellen Aktien zu einem günstigen Preis und halten langfristig daran fest.

Nebenbeibemerkt vergewissern Sie sich, dass Sie an Ihren Dividenden zahlenden Aktien festhalten, denn diese Unternehmen sind die etabliertesten Marktführer. Wenn es einen Crash gibt, neigen Sie dazu, schneller wieder auf die Füße zukommen im Vergleich zu nicht Dividenden zahlende Aktien wie die meisten Tech Unternehmen.

Der Dividend, den Sie von diesen Unternehmen erhalten, dient auch als Dämpfer, um den Schlag vom Zusammenbruch abzuwenden, Unternehmen wie McDonalds, Pepsi und Nike zahlen weiterhin Dividende, selbst während der Immobilienkrise von 2008-09.

Lassen Sie uns zwei Beispiele des Börsencrash anschauen. Das erste Beispiel ist der Zusammenbruch von 1929 der zu der großen Depression führte. Verschiedene Banker, Investmentfirmen und Händler hatten Anteil daran, die Märkte zu manipulieren, indem sie große Stücke von hoch überbewerteten Aktien kaufen und diese dann an ahnungslose Kleinanleger verkauften. Investoren wie Sie und ich.

Weil diese Unternehmen eine große Anzahl an Aktien kauften, trieben Sie die Aktienpreise beständig in die Höhe. Individuelle Investoren sahen ihre Aktienkurse in den Himmel schießen und kauften mehr, weil sie dachten, es gäbe keine Grenze.

Sie öffneten sogar **Einschusskonten**, weil sie dann mit dem geliehenen Geld investieren konnten, das ihnen von ihren Broker Firmen angeboten wurde. Die meisten institutionellen Anleger ernteten ihre Lorbeeren und zogen sich vom Markt zurück, während die Privatanleger mit überteuerten Aktien zurückblieben.

Als der Rückgang geschah, ging alles ganz schnell. Nicht nur verloren die Menschen Geld, weil der Margin Call sie traf und Sie das Geld zurückzahlen sollten, das sie geliehen hatten, sondern sie haben auch ihre Jobs verloren, ihren Rentenwohlstand (was natürlich in den Aktienmark investiert wurde) und viele Menschen verloren auch den Verstand.

Der zweite Crash, den wir uns ansehen, ist Dotcom Crash im frühen 20. Jahrhundert. Die Dotcom Blase basierte auf reiner Spekulation. Das Internet war das neue glänzende Objekt, von dem jeder ein Stück haben wollte. Alle bis zur Oma versuchten eine Webseite zu erstellen und sie dann durch einen Börsengang auf dem Sekundärmarkt zu handeln.

Viele dieser Unternehmen konnten nie ein Gewinn machen oder waren oftmals in den roten Zahlen, aber das war den Menschen egal, die Webseiten wurden nach ihren Klicks bewertet oder wie viele Ansichten sie erzeugen konnten, anstatt traditionelle Bewertungsmethoden zu nutzen, wie Einnahmen und Ausgaben.

Auf dem Höhepunkt der Blase stürzte alles wie ein Kartenhaus in sich zusammen. Viele Start-up-Firmen erhielten Millionen an Venturecapital-Fonds mit der unmöglichen Aufgabe, genauso groß, wenn nicht sogar größer zu werden als die Tech-Giganten jener Tage wie Microsoft, Apple und Oracle.

Kapitel Fünf: Wie Sie Geld auf dem Aktienmark verdienen

Sie wollen also schnell Geld auf dem Aktienmarkt verdienen, aber wissen nicht, wo Sie anfangen sollen, wie Sie aktiv werden können oder wie Sie versuchen herauszufinden, wie andere erfolgreiche Investoren Geld machen.

Wir schauen uns die zwei einfachsten Möglichkeiten an die Investoren unternehmen, um reich zu werden, indem sie auf dem Aktienmarkt investieren. Das Beste daran ist auch Sie können das tun. Die zwei häufigsten Möglichkeiten, mit denen Investoren auf dem Aktienmarkt Geld verdienen, ist mit Kapitalgewinnen und Dividenden.

Kapital Erträge Erläuterung

Wenn Sie Ihr Geld auf dem Aktienmarkt investiert haben, dann geht der Wert dieser Anlage hoch und runter. Wenn Ihr Geld auch Kapital genannt an Wert zunimmt, dann haben Sie gerade einen **Kapitalgewinn** erhalten und wenn es sinkt, dann nennt sich das, wie Sie sich denken können, ein Kapitalverlust.

Solange Ihr Geld in den Aktienmarkt investiert ist, ist es **nicht realisiert**. Es wird erst realisiert, wenn Sie Ihre Aktien verkaufen.

Schauen Sie sich ein Beispiel an; Sie entscheiden sich dafür, 100 Nike Aktien für ungefähr $65 zu kaufen. Ohne Berücksichtigung der Handelsgebühren haben Sie am Ende $6.500 gekauft. Das ist auch das, was Ihr Nike-Aktienkapital wert ist.

Ein paar Tage vergehen und Sie beschließen, die Entwicklung der Aktie zu überprüfen. Sie bemerken, dass der Nike-Aktienpreis von $65 auf $61 gefallen ist. Ihr Kapital ist ebenfalls an Wert gefallen von $6,500 auf $6,100 um genau zu sein.

Sie haben $400 verloren, das ist Ihr Kapitalverlust. Aber Sie haben über dieses Kapital nachgedacht und sich daran erinnert, dass es ein unrealisierter Kapitalverlust ist, weil es immer noch auf dem Aktienmarkt geparkt ist. Sie entscheiden, das auszusitzen und nach ein paar Tagen ist der Aktienpreis auf $65 gestiegen und Sie sind glücklich, dass sie an einem Break-even Point sind.

Nach ein paar Tagen trifft es $72. Sie haben gerade ihren ersten unrealisierten Kapitalgewinn erlebt und entscheiden sich, Ihre Nike-Aktien zu verkaufen. Sie verkaufen alle Ihre 100 Aktien zu einem aktuellen Aktienpreis von $72. Sie haben also $7,200 auf ihr Barkonto erhalten (Transfergebühren werden nicht gezählt). Durch den Verkauf haben Sie Ihren unrealisierten Gewinn in einen realisierten Kapitalgewinn verwandelt.

$7200-$6500=$700 Sie haben gerade schnelle $700 verdient ohne jegliche körperliche Arbeit.

Jetzt müssen Sie noch Steuern auf Ihren Kapitalgewinn zahlen, abhängig davon, welche Art von Anlagekonto Sie nutzen und welche Einkommensteuerklasse Sie haben.

Diese schnelle Erklärung ist der Grund, wie viele Tages- und Swingtrader und sogar langfristige Investoren Geld verdienen. Sie analysieren

Aktiendiagramme, indem Sie sich Indikatoren und Muster anschauen und entscheiden, wann sie Aktien kaufen und verkaufen.

Sie machen schnelle $700 mit 100 Nike Aktien, aber wenn Sie 1000 Aktien kaufen, wäre Ihr Gewinn $7,000 gewesen!

Wenn Sie Geld übrig haben, nicht gerne Risiken eingehen und zu viel Zeit übrig haben, können Sie schnell Geld verdienen, indem Sie in die sehr riskanten Kleinaktien da draußen investieren.

Dividende

Die zweithäufigste Methode, die Investoren nutzen, um Geld zu verdienen, sind Dividende, die sie aus Dividenden zahlenden Aktien erhalten.

Bleiben wir beim Nike-Aktien-Beispiel. Sie haben also 100 Aktien zu $65 gekauft, aber anstatt für einen Kapitalgewinn zu verkaufen, entscheiden Sie sich, diese Aktien für 1 Jahr zu behalten. Nike hat vier Dividendenzahlungen von $0.18 pro Aktie pro Jahr gemacht. Mit Ihren 100 Aktien haben Sie $18 für jedes einzelne Quartal oder $72 insgesamt bekommen.

Das Gute an Dividenden ist, dass diese Zahlungen in Ihr Barkonto gezahlt werden oder Sie können sie wieder investieren, indem Sie ganze oder Teilaktien kaufen. Diese ganzen oder Teilaktien werden Ihnen auch Dividende zahlen.

Es gibt auch Nachteile bei Dividenden. Das Geld, das Sie aus den Dividenden erhalten, ist meistens viel niedriger als das, das Sie aus dem Kapitalgewinn erhalten. Dividende sind ebenfalls langfristige Strategien und keine Schnell-reich-werden Strategien. Viele Unternehmen sind unzuverlässig mit ihren Dividendenzahlungen. Einige kürzen ihre Dividendenzahlungen ständig und andere stellen die Dividendenzahlungen in Zeiten von finanzieller Not völlig ein.

Ich mag dividendenzahlende Aktien, aber nur von bestimmten Unternehmen. Ich führe gründliche Nachforschungen durch, um zu sehen, welche Unternehmen es wert sind, gekauft zu werden und ich analysiere auch die Dividenden Zahlungsgeschichte, besonders in Zeiten von wirtschaftlicher Unruhe, denn Unternehmen, die während eines Börsencrash immer noch eine erhöhte Dividende zahlen können, sind Unternehmen, die man im Auge behalten sollte.

Lassen Sie uns die fünf Dividenden zahlenden Firmen anschauen, die Sie auf Ihrer Liste haben sollten.

Nummer Eins: Nike – Dieser athletische Kleidungshersteller verkauft seine Produkte weltweit mit einem Fokus speziell auf Athleten. Die Marke ist dennoch so gut bekannt, dass sogar nicht athletische Typen Nike Fans sind. Die größten Geldmacher sind ihre Schuhprodukte mit ihren Markenzeichen der Jordanmarke, die sich immer wie verrückt verkaufen.

Nummer Zwei: Pepsi Company – Viele Verbraucher glauben, dass die Pepsi Company nur Getränke herstellt, aber sie besitzen auch eine eigene bekannte Marke wie Frito-Lay und Quaker Foods. Die Pepsi Company hat gute Arbeit geleistet, indem sie ihr

Portfolio der Marken mit hochqualitativen Verbraucherwaren verändert haben.

Nummer Drei: Coca Cola – Dieses Unternehmen, eines der bekanntesten Marken weltweit, besitzt viele zusätzliche Marken neben der ikonischen Coke Marke wie Minute Maid, Vitamin Water und Powerade.

Nummer vier: Immobilieneinkommen – Dieser Immobilien Investment Trust (REIT) hat Mieter wie Walgreens, FedEx und LA Fitness. Sie arbeiten landesweit und haben sich ebenfalls in vielen verschiedenen Branchen verteilt. Sie zahlen auch monatliche Dividende, was sie zu einer beliebten Dividendenfirma für viele Investoren macht.

Nummer fünf: Fastenal – Dieses recht langweilige Unternehmen verkauft Industrielles- und Konstruktionszubehör. Obwohl Fastenal keine aufregende Branche wie die Technologie ist, macht es dies durch ihre schiere Beständigkeit bei der Bereitstellung von Werten für ihre Kunden und Aktionäre wieder wett.

Kapitel Sechs: Dividende – Investieren Sie in passives Einkommen

Wenn Sie in passives Einkommen investieren wollen, dann nutzen Sie Dividende zahlende Aktien.

Wir werden noch darüber sprechen, was Dividende sind, welche Unternehmen sie ihren Aktienhaltern auszahlen sowie deren Vor-und Nachteile. Am Ende gebe ich Ihnen vier großartige Dividenden Aktien, die Sie auf Ihre Beobachtungsliste setzen können.

Dividende sind eine tolle Möglichkeit, um konstantes Einkommen zu verdienen. Unternehmen zahlen ihren Aktienhaltern vierteljährlich Dividende aus, aber einige Unternehmen zahlen monatliche, halbjährliche oder jährliche Dividende.

Wenn Sie eine Dividende erhalten, wird sie entwender in Ihrem **Barkonto** eingezahlt oder wird investiert, um weitere ganze oder Teilaktien zu kaufen. Das nennt sich auch ein Dividend Reinvestment Plan oder **DRIP**.

Das ultimative Ziel einer Dividendenstrategie ist es Dividende Zahlungen zu erhalten, die Ihr **verdientes Einkommen** treffen oder überschreiten. In diesem Moment können Sie in Rente gehen und von ihrem Dividenden Einkommen leben, ohne jemals die darunterliegenden Aktien zu verkaufen.

Es ist auch wichtig, dass diese Dividenden Zahlungen schneller wachsen als eine Inflation, um Ihre Kaufkraft aufrecht zu erhalten.

Brauchen Sie 1 Million Dollar, um in Dividende zahlende Aktien zu investieren? Natürlich nicht. Sie können beginnen, indem Sie einfach ein oder zwei Aktien in Dividenden zahlende Unternehmen kaufen.

Es wird jedoch helfen, wenn Sie mehr Geld zum Investieren haben, denn dann erhalten Sie mehr Dividenden Einkommen. Je mehr Aktien Sie besitzen, umso mehr Dividende erhalten Sie.

Zum Beispiel zahlt die Coca-Cola Firma 37 Cent vierteljährliche Dividende, was 1 Dollar und 48 Cent pro Jahr macht.

Das würden Sie erhalten, wenn Sie nur eine Cola-Aktie besitzen, aber wenn Sie 100 Aktien besitzen, erhalten Sie 148$ im Jahr.

Damit Ihre Dividenden eine Wirkung entfalten, sind drei Dinge zu beachten.

Nummer eins ist natürlich regelmäßig Dividende Aktien zu kaufen. Nummer zwei, die Dividende, die Sie erhalten müssen erneut investiert oder genutzt werden, um andere Aktien zu kaufen, die Dividende zahlen und drittens das Unternehmen, in das Sie investieren, muss ihre Dividende jährlich schneller steigen lassen als die jährliche Inflation.

Diese drei Faktoren werden Ihr Dividenden Einkommen lawinenartig anwachsen lassen. Unternehmen, die Dividende zahlen, sind normalerweise Blue Chip Unternehmen. Das sind gut etablierte und große Unternehmen. Sie sind die Spitzenunternehmen in ihrer Branche, Unternehmen wie Walmart, 3M und Proctor & Gamble.

Weil diese Unternehmen gut etabliert sind, neigen Sie dazu, nicht viel Wachstum zu erleben, wie z. B. ein erfolgreiches Start-up Unternehmen.

Viele dieser Blue Chip Unternehmen erzeugen eine Menge Bargeld, das sie am Ende als Dividende ihren Aktienhaltern auszahlen.

Aktienhalter fordern diese Dividende von Unternehmen als Tilgung für Investitionen und dem Vertrauen in die Firma, aber die Führung in der Firma profitiert ebenfalls von Dividendenzahlungen, weil sie mit Aktienpreisen und Optionsscheine belohnt werden.

Sagen wir mal, Sie haben eine erfolgreiche lokale Firma, die Eis verkauft und planen landesweit zu expandieren. Dazu brauchen Sie mehr Kapital, also verbinden Sie sich mit Investoren, die in Ihre Firma investieren wollen, aber sie wollen eben auch Anteile in Form von Aktienanteilen.

Ihre Firma geht an die Börse und nach 15 Jahren können Sie landesweit expandieren. Ihr Geschäft ist an einen Punkt angelangt, an dem der Wachstum langsam sinkt.

Ihre Investoren, die an diesen Aktien festgehalten haben, wollen ein wenig von ihrem investierten Geld zurückhaben. Also entscheiden Sie sich Ihren Investoren Dividende zu zahlen, damit sie ihr Dividenden Einkommen in eine neue Geschäftsmöglichkeit investieren können.

Denken Sie daran, dass nicht alle Unternehmen eine Dividende zahlen, denn jedes Unternehmen durchläuft den Geschäftszyklus.

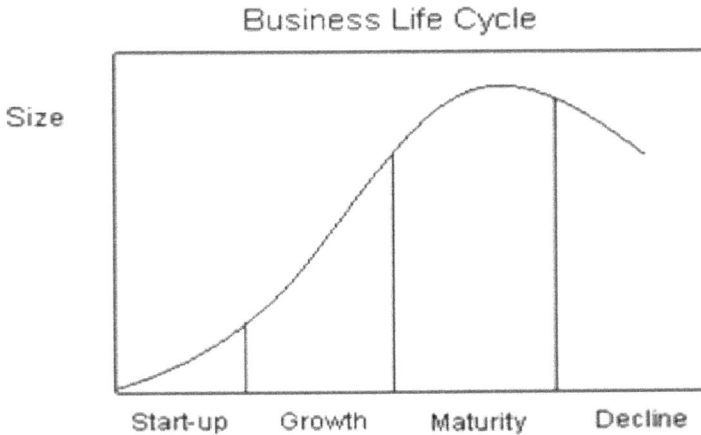

Business Life Cycle

Size

Start-up   Growth   Maturity   Decline

Ein Unternehmen beginnt zuerst als eine Idee im Kopf des Erschaffers. In dieser Start-up-Phase kann eine kleine Gruppe von Menschen zusammenarbeiten, die an die Idee des Erschaffers glauben.

Das ist auch der Punkt, an dem Risikokapitalgeber und Business Angel das Potenzial der Unternehmen erkennen könnten.

Nachdem das Unternehmen alle Macken gelöst und aus seinen Fehlern gelernt hat, sollte das Unternehmen eine Kundendatei anlegen. Jetzt kann es in die Wachstumsphase gehen. In dieser Phase gibt es noch viele Wachstumsschmerzen, dies ist auch der Zeitpunkt, an dem sich ein Unternehmen entscheiden könnte, an die Börse zu gehen und Aktien an potenzielle Aktionäre auszugeben.

Alles Einkommen, was ein Unternehmen erzeugt, wird wieder in das Geschäft investiert, um es weiter wachsen zu lassen, denken Sie nur an Unternehmen wie Snapchat.

Ein Unternehmen erreicht letztendlich seine Reifestatus, wenn es gut etabliert und ein Führer in seiner Branche ist. In diesem Statuszyklus fangen die meisten Unternehmen an, ihren Aktienhaltern Dividende zu zahlen. Das sind Unternehmen wie Walmart Clorox, ExxonMobil und sogar Johnson & Johnson.

Ein Führer auf Ihrem Markt zu sein, ist toll, aber wenn Unternehmen nicht vorsichtig sind, können sie in den Abstiegszyklus geraten, wo ihre Produkte altmodisch werden, wie z. B. der Walkman oder die Polaroidfotos.

Einige der Vorteile einer Anlage in Dividende:

Sie sind stabiler und konsistenter als Kapitalgewinne. Sie profitieren von den Bargeldzahlungen und auch von dem Anstieg des Aktienpreises an der Börse.

Weil diese Unternehmen stabiler gesehen werden, neigen sie dazu, besser während eines Börsencrash zu funktionieren, denn die Investoren werden ihre risikoreicheren Aktien verkaufen und nach mehr sicheren und stabileren Unternehmen und Anleihen suchen und darin investieren.

Sie können Ihr Dividendeneinkommen auch planen, das ist allerdings schwieriger mit Kapitalgewinnen.

Ein paar Vorteile der Dividendenanlagen sind: Unternehmen, die eine Dividende zahlen, neigen dazu, den Börsenmarkt zu verlangsamen. Unternehmen können auch die Dividende kürzen oder sogar einstellen, und manche Unternehmen lassen ihre Dividende nicht einmal wachsen.

Daher ist es wichtig, nur in gute dividendenzahlende Unternehmen zu investieren, die nicht nur eine gesunde Dividende zahlen, sondern auch das finanzielle Potenzial haben, diese Dividende jährlich wachsen zu lassen.

Schauen wir uns diese vier Unternehmen einmal an:

Nummer eins: Walmart – dieser Einzelhandelsriese hat weltweit Läden und spart das Geld der Kunden, indem es Produkte zu wettbewerbsfähigen Preisen anbietet. In der letzten Zeit haben sie sich noch viel mehr auf ihre online Präsenz konzentriert. Sie haben jet.com gekauft, eine Lieferungsfirma, um ihre Auslieferungen am selben Tag zu verbessern.

Nummer Zwei: Lowes – der zweitgrößte Baumarkthändler mit natürlich Home Depot als Nummer eins. Lowe hat so eine gute Arbeit auf seinem Gebiet gemacht, dass sie in der Lage sind, seit 50 Jahren einen beständig wachsenden Dividend auszuzahlen!

Nummer drei: McDonalds – die goldenen Bögen wurden durch den Dreck gezogen, besonders mit der jungeren Generation, die sich mehr auf gesündere Lebensmittel und Snacks konzentriert. McDonalds ist dennoch immer noch das Nummer eins Fast Food Restaurant und dieser Riese zahlt vierteljährlich Dividende.

Und Nummer vier: Fastenal – dieses langweilige
Unternehmen, bietet Mittel und Ausstattung für
Unternehmen, um Produkte herzustellen, sie bauen
und warten Anlagen und verkaufen auch
Sicherheitsprodukte für das Personal. Fastenal hat
nicht nur ein tolles Unternehmen, sie haben auch
wiederkehrende Kunden. Nichts ist wichtiger für eine
Firma als Kunden, die immer wieder kehren, um ihre
Produkte zu kaufen.

Kapitel Sieben: 90% der Investoren machen diese 5 Fehler

Wenn Sie einen Fehler machen, werden Sie sich an den Kopf fassen und darüber nachdenken, was Sie falsch gemacht haben. Aber wenn Sie zusätzliche Fehler machen, werden Sie sicherlich aufhören wollen.

Ich möchte vermeiden, dass dies passiert, indem ich Sie wissen lasse, was die fünf gewöhnlichsten Fehler sind, die Investoren machen, damit Sie nicht hineintappen.

Nummer Eins: die so genannten Finanz- oder Börsenmarkt Gurus

Das sind die sogenannten Persönlichkeiten, die Ihnen sagen, was Sie kaufen und wann Sie verkaufen sollen. Sie können am Ende ihre Vorhersagungen auch herausschreien.

Sie sollten vorsichtig sein, wenn jemand Ihnen Ratschläge zum Anlegen gibt. Manchmal gibt es finanzielle Anreize, die bei der Kaufberatung ins Spiel kommen.

Hinterfragen Sie immer die Informationen, die Sie erhalten, und stellen Sie sicher, dass Ihr Guru die Investitionen, die er Ihnen anpreist, auch in seinem Portfolio hat. Gurus wissen, wie Sie die Ängste und Emotionen der Menschen einfangen können, um sie zum Handeln zu zwingen.

Den Massen zu folgen ist ebenfalls sehr risikoreich. Anstatt einem Guru zu folgen, folgen sie allen anderen. Wenn es also Familienmitglieder gibt oder sogar Kollegen auf der Arbeit, die Ihnen sagen, was Sie kaufen und verkaufen sollen, hören Sie auf sie, ohne sich vorher überhaupt zu informieren.

Das ist sehr gefährlich und viele Menschen verlieren ihr Geld, weil sie auf heiße Tipps von anderen hören.

Sie sollten der Herde nicht folgen, die sind leicht beeinflussbar und handeln aus Gefühlen heraus, wenn es darum geht, an der Aktienbörse zu investieren. Die Herde handelt nicht logisch, sondern folgt nur den neusten Trends und hofft, schnell reich zu werden.

Nummer 2: Nicht geduldig zu sein und sofortigen Wohlstand zu erwarten

Menschen investieren an der Börse, um reich zu werden, um für die Rente zu sparen oder um einen Wohlstand zu erhalten, den sie erreicht haben. Ungeduldig zu sein und zu schnell Ergebnisse zu erwarten, wird Sie enttäuschen und anfällig für Fehler machen.

Jeder von uns hat schon Geschichten über Investoren gehört, die Millionen aus kleinen Anlagen machen. Die meisten dieser Geschichten sind Anomalien, weil die größte Mehrheit der Investoren langfristig investieren muss, um bedeutende Gewinne in ihren Anlagen zu sehen.

Natürlich ist es möglich schnell viel Geld zu machen, aber es ist auch sehr risikoreich. Je höher das Risiko in Ihrer Anlage, umso höher ist die potenzielle Belohnung, aber es könnte auch Ihr Untergang sein.

Nummer 3: Sie genießen den Anlageprozess nicht

Sie müssen nicht mit Leidenschaft investieren, damit es funktioniert, aber sie müssen ein wenig Interesse an Investitionen haben. Wenn der Gedanke, eine Due-Diligence-Prüfung durchzuführen, um zu entscheiden, in welche Unternehmen Sie investieren sollen, Ihr Interesse nicht weckt, dann ist es am Besten passiv zu investieren, was bedeutet in Investmentfonds, ETFs oder Indexfonds zu investieren.

Es ist überhaupt nichts Falsches daran, ein passiver Investor zu sein, und es wird auch für Anfänger Investoren empfohlen.

So habe ich angefangen, indem ich in Anlagefonds, Anleihen und Indexfonds investierte. Ich habe schnell gelernt, dass investieren nicht zu schwer ist und ich fand, es interessant. Ich wechselte von passivem Investor zum aktiven Investor und überprüfte individuelle Unternehmen, in die ich investieren wollte. Ich kaufe sie, wenn sie unterschätzt werden und stelle sicher, dass meine Vermögensaufteilung auf dem neuesten Stand ist.

Nummer Vier: Zu früh an der Börse aufgeben

Viele von uns haben eine schlechte Erfahrung an der Börse gemacht oder kennen jemanden, dem das passiert ist.

Ein Börsencrash geschieht viel zu oft und lässt Investoren enttäuscht, frustriert und gestresst zurück.

Viele Investoren werden auch oft betrogen und investieren in irgendeine zwielichte Firma, die am

Ende an der Börse scheitert. So wie mein Vater, der von einer Investmentfirma kontaktiert wurde, in diesen speziellen, auf Wachstum ausgerichteten Investmentfonds zu investieren.

Am Ende verlor er sein ganzes Geld und schwor sich nie wieder zu investieren. Zum Glück konnte ich ihm die Fehler aufzeigen und er ist ein begeisterter Investor geworden. Ich muss ihn ein wenig bremsen, und ihn davon abhalten, zu viele Aktien zu kaufen, besonders wenn sie überbewertet sind.

Wenn Sie kurz vorm Aufgeben sind, dann tun Sie es **NICHT**! Versuchen Sie herauszufinden, was Sie falsch gemacht haben und bitten Sie um Hilfe, wenn nötig. Der Aktienmarkt ist immer noch eine der besten Wege, um Wohlstand zu erreichen.

Number 5: Ohne Ziele hineingehen

Ziele sind Ihre Straßenkarte zum Erfolg. Ohne eine Karte werden Sie nie Ihr Ziel erreichen. Stellen Sie sich vor, Sie fahren ohne Straßenkarte von Kansas nach New York. Sie werden ein viel angenehmeres Reiseerlebnis haben, wenn Sie Ihre Karte in Reichweite haben.

Das gilt auch für Anlagen. Sie müssen ein Ziel haben. Planen Sie Tageshandel zum Beruf zu machen? Oder wollen Sie in Kleinaktien investieren? Vielleicht beträgt Ihr Zeithorizont für Investitionen nur 10 Jahre.

Diese Dinge werden Ihre Investmentstrategie beeinflussen. Es ist in Ordnung zu beginnen und das Wasser ohne Plan am Anfang zu testen. Aber Sie werden schnell herausfinden, dass Sie ein langfristiges Ziel brauchen, was einen größeren Einfluss auf Ihre Vermögensaufteilung haben wird.

Kapitel Acht: 5 Lügen die man Ihnen über Investment erzählt hat

Es gibt viele Lügen, die Menschen über das Investment zu hören bekommen. Einige dieser Lügen sind ausgedacht. Die Menschen haben Lügen zu hören bekommen, weil die Person, die ihnen diese Lüge erzählt, es nicht besser weiß oder weil sie selbst gescheitert ist und Sie nicht scheitern sehen will.

Andere Menschen haben Erfolg gehabt und wollen nicht sehen, wie Sie Ihre Ziele erreichen. Also werden wir Ihnen 5 Lügen aufdecken, die man Ihnen über das Investieren erzählt hat.

Nummer Eins: Sie müssen Millionär sein oder viel Geld haben, um mit dem investieren zu beginnen

Das stimmt heutzutage überhaupt nicht. Ja, in der Vergangenheit war die Börse nur für Reiche und Wohlhabende gedacht, aber die Türen wurden für uns gewöhnliches Volk schon lange geöffnet.

Mit der Hilfe des Internets an der Börse zu investieren ist jetzt viel einfacher. Sie können ganz bequem von zu Hause aus kaufen und verkaufen. Discount Brokers haben es sehr bezahlbar gemacht, Aktien zu kaufen und zu verkaufen. Vorher mussten Sie Hunderte von Dollar zahlen, nur um Aktien zu kaufen oder verkaufen. Jetzt kann Ihre Kommissionsgebühr so niedrig wie $4.99 oder sogar kostenlos sein, wenn Sie eine App wie **Robinhood** benutzen.

Sie müssen auch keine Tausende von Dollar ausgeben, um Aktien zu kaufen. Sie können beginnen, indem Sie einfach eine Aktie einer Firma wie Coca-Cola kaufen, die im Moment einen Aktienpreis von $46 hat.

Es ist auch besser, mit wenig Geld zu beginnen, als im Vergleich $1 Million von Anfang an einzusetzen. Der Grund dafür ist, dass Sie mit einem kleinen Geldbetrag experimentieren und Spaß haben können, während Sie die Besonderheiten der Börse kennenlernen.

Stellen Sie sich vor, Sie investieren $1 Million, Sie würden wahrscheinlich viel zu ängstlich oder vorsichtig mit dem Geld sein und hoffen, nicht einen einzigen Cent auf dem Markt zu verlieren.

Nummer 2: Ich habe nicht genug oder verdiene nicht genug Geld zum investieren

Okay, das ist eine Fortsetzung der letzten Lüge. Ein kleiner Geldbetrag, den Sie zur Seite legen können, kann helfen, selbst wenn es nur $10 pro Woche sind. Diese 10 Dollar werden am Ende des Jahres $520 wert sein und Sie können mit $520 als Einsatz anfangen. Beginnen Sie jetzt mit dem Investieren und Ihre Zukunft wird es Ihnen danken.

Schauen Sie, wo Sie ein paar Dollar während der Woche sparen können. Das heißt, weniger in Restaurants essen während der Woche oder einen Gang nach Starbucks weniger pro Woche. Falls Sie Starbucks mögen.

Eine Veränderung der Einstellung wirkt Wunder. Statt zu sagen, ich habe keine $10 übrig, ändern Sie es und sagen Sie, kann ich $10 pro Woche sparen? Sie bringen Ihr Unterbewusstsein auf Hochtouren und ehe Sie sich versehen, werden Sie mehr als $10 pro Woche sparen.

Nummer 3: Investieren Sie jetzt, denn langfristig hat der Markt immer eine Rendite von 7% erzielt

Nummer drei ist ein wenig schwieriger. Sie werden Finanzberater und sogar Menschen in den Medien das sagen hören. Der Grund, warum Sie hier aufpassen müssen, ist die Zukunft, die unvorhersehbar ist.

Niemand kann vorhersehen, was der Markt tun oder zurückgeben wird. Wenn der Markt letztes Jahr bis zu 10% hochging, heißt das nicht, dass es auch in der Zukunft auf weitere 10% hochgehen wird. Auf der anderen Seite ist es auch riskant, nur zuzusehen, weil Sie nicht wissen, was der Markt tun wird.

Menschen sprechen normalerweise immer über langfristige Rückgaben, um Sie zu beruhigen und Sie zum Investieren zu bringen. Wenn Sie nur zusehen, wird nicht nur Ihr Geld nicht wachsen, es wird auch wegen der jährlichen Inflation seine Kaufkraft verlieren.

Nummer Vier: Ich investiere nicht, weil die Börse zu risikoreich ist

Dies schließt sich gut an die Lüge Nummer 3 an. Ja, wenn Sie kein oder nicht mindestens Grundwissen übers Investieren haben, dann wird es zu risikoreich sein, aber mit der Hilfe von Finanzplanern und Beratern gibt es keinen Grund, Angst zu haben. Viele Investoren bilden sich ein wenig selbst, indem sie Anlagebücher lesen und sich Audiobücher anhören.

Denken Sie daran, dass alles, was Sie tun, mit einem Risiko verbunden ist. Wenn Sie nicht investieren wollen und Ihr Geld lieber unter der Matratze verstecken, setzen Sie sich Einbrechern, Hausbränden oder sogar Ihrem Hund aus, der Ihr Geld fressen oder zerfetzen könnte.

Wenn Sie glauben, dass Geld auf der Bank oder auf dem Sparkonto das Sicherste ist, dann denken Sie erneut nach. Mit armseligen 1% oder weniger an Zinsen, die Sie verdienen können, wird die Kaufkraft Ihres Geldes von der Inflation verschlungen.

Wenn die Inflation im Durchschnitt 3 % pro Jahr beträgt, ist $1 heute 3 % weniger wert als im nächsten Jahr, also $0,97.

Nummer 5: Sie müssen Experte sein, um mit dem Investieren zu beginnen

Sie müssen tatsächlich ein wenig Grundkenntnisse darüber besitzen, wie die Börse funktioniert, aber Sie müssen kein Warren Buffet sein, um zu beginnen. Bilden Sie sich selbst, indem Sie Bücher lesen (dieses hier zum Beispiel ist ein guter Anfang).

Sobald Sie Ihr Selbstbewusstsein aufgebaut haben, können Sie beginnen, indem Sie einen kleinen Geldbetrag investieren. Geld, dass Sie nicht stört, wenn Sie es verlieren. Wenn Sie einen kleinen Geldbetrag investieren, dann bereiten Sie sich psychologisch darauf vor zu wachsen, denn sobald Sie Ihre Investitionen wachsen sehen, wird das Ihr Selbstbewusstsein und Ihr Wissen aufbauen und Sie können noch mehr investieren. Alles immer auf respektvolle Weise natürlich.

Ich hoffe, ich konnte Sie motivieren, indem ich einige der größten Lügen, die ich oftmals von eifrigen Investoren gehört habe, aus dem Weg geräumt habe.

Kapitel Neun: 25 Aktienmarkt Investment Tipps

Ehe Sie investieren, haben Sie vielleicht ein paar Fragen oder Anliegen. Ich habe 25 der häufigsten Dinge aufgelistet, die ich von neuen Investoren gehört habe und wie Sie sich selbst auf den Erfolg vorbereiten können. Also los!

Schreiben Sie sich Ihre Ziele auf

Wenn Sie nicht wissen, wo Sie hinwollen, dann brauchen Sie gar nicht erst anfangen. Vergewissern Sie sich, ihre Investmentziele aufzuschreiben und einen spezifischen Zeitrahmen zu setzen.

Wollen Sie in 15 Jahren $500k auf Ihrem Rentenkonto haben? Oder wollen Sie $1 Million in 10 Jahren haben?

Was wird Ihre Investmentstrategie sein, um diesen Wohlstand zu erreichen? Und was wird Ihr Portfoliomix aus Sicherheiten sein? Wird Ihr Portfolio aus 70% Aktien 25% Anleihen und 5% Bargeld bestehen?

Schreiben Sie Ihre Ziele auf, das gibt Ihnen ein klares Bild dessen, was Sie erreichen wollen und wie Sie das angehen wollen.

Beginnen Sie früh mit dem investieren

Je früher Sie mit dem Investieren beginnen, umso schneller wird nicht nur Ihr Geld wachsen, sondern Sie werden auch in der Lage sein, sich schneller zur Ruhe zu setzen (abhängig von Ihrem Finanzziel)

Wie früh sollten Sie beginnen? Wenn Sie Ihren ersten Job bekommen. Es macht nichts, ob das ein Einzelhandelsjob oder einer als Kellner im Restaurant ist. Sie sollten es sich zur Gewohnheit machen, über Ihre Zukunft nachzudenken und ein wenig Geld beiseitelegen, um zu investieren, damit Sie nicht den Rest Ihres Lebens arbeiten müssen.

Indem Sie Ihre Investmentreise schon früh beginnen, können Sie Ihr Geld wachsen sehen, das gibt Ihnen das Vertrauen noch mehr zu investieren.

Die Inflation frisst Ihr Geld auf

Sie ziehen sich vielleicht vom Börsenmarkt zurück, weil Sie gehört haben, wie riskant das ist und wie viele Menschen viel Geld dabei verloren haben.

Aber wenn Sie Ihr Geld unter der Matratze verstecken oder sogar auf einem Sparkonto, ist das aufgrund einer Inflation ebenfalls sehr risikoreich.

Die Inflation bezeichnet den Anstieg der Kosten von Gütern, was den Geldwert senkt. Ein Schokoriegel kostet heute vielleicht $1 aber nächstes Jahr könnte er $1.05 kosten. Derselbe Dollar, den Sie heute besitzen, könnte in der Zukunft wertlos sein, weil er eine **abnehmende Kaufkraft hat.**

Der Börsenmarkt ermöglicht es Ihrem Geld nicht nur seine Kaufkraft zu behalten, sondern es kann Ihr Geld auch schneller als die Inflation wachsen lassen.

Informieren Sie sich.

Es ist nicht nur gut, sondern auch notwendig, sich zu informieren, in welche Geschäfte und Unternehmen

Sie auf dem Börsenmarkt investieren wollen. Fast alles, was Sie über verschiedene Aktien, Anleihen und gemeinsame Fonds wissen müssen, können Sie kostenlos im Internet finden. Ich würde davon absehen, Geld zu zahlen, um Informationen über den Börsenmarkt zu erhalten.

Das Letzte, was Sie wollen, ist betrogen zu werden, in eine Firma zu investieren, die Geld verliert und keinen Gewinn zu machen, was dazu führen kann, dass Sie langfristig Geld verlieren. Das passiert vielen unwissenden Investoren.

Um Ihre Suche zu starten, brauchen Sie nur das Tickersymbol Ihres Investments. Ein Tickersymbol ist die Abkürzung der Firma, des Anlagefonds, Indexfonds, Anleihen usw. auf dem Börsenmarkt. Sie können dann eine Seite wie Morningstar.com benutzen, um Ihre Suche zu starten.

Machen Sie Ihre eigenen Regeln

Gute Regeln beim Investieren geben Ihnen Grenzen, in denen Sie arbeiten können. Wenn Sie eine Regel haben, nicht in Firmen zu investieren, ohne sich vorher zu informieren, wird Ihnen das eine Menge Kopfschmerz ersparen.

Niemand wird Sie mit heißen Börsentipps betrügen können, die sie auf dem Flurfunk gehört haben. So werden viele Menschen betrogen und übers Ohr gehauen.

Gute Regeln geben Ihnen ein Level an Selbstvertrauen, wenn Sie investieren. Es gibt Ihnen diesen Extraanschub, wenn Sie beim Kauf von neuen

Aktien oder Anlagen zögern. Sie geben Ihnen Struktur und einen Plan an den Sie sich halten können.

Sie können mit einfachen Regeln beginnen und noch mehr Regeln hinzufügen, sobald Sie mehr Erfahrung beim Investieren haben.

Beispiel der Regeln:

60% meines Investments Portfolio wird aus Aktien bestehen

Ich werde nur in Unternehmen investieren, die Ihre Gewinne um zumindest 5% in den letzten zehn Jahren gesteigert haben.

Ich werde mein Portfolio jährlich ausgleichen.

Hören Sie nicht auf jeden

Seien Sie achtsam, von wem Sie einen Ratschlag annehmen. Einige Personen, insbesondere in den Medien, erhalten finanzielle Anreize, um Ihnen zu sagen, in was Sie investieren sollten.

Auch Familie und Freunde können Ihnen schlechte Ratschläge geben, wenn Sie von irgendeinem "heißen Aktientipp" auf der Arbeit gehört haben, ohne sich zuerst zu informieren.

Denken Sie daran nur, weil Sie von einer bekannten Firma gehört haben oder dessen Produkte benutzen, heißt das nicht, dass es eine gute Investition sein könnte.

Viele Unternehmen auf dem Aktienmarkt werden nie profitabel. Eine beliebte Firma wie Tesla, die an der Börse unter dem Tickersymbol TSLA handelt, ist trotzdem nicht profitabel. Obwohl das Unternehmen immer mehr Umsatz einbringt, ist der Nettogewinn immer noch im Minus.

Bilden Sie sich immer weiter

Ich sage mir immer, wenn ich über ein Thema wie Investment nichts weiß, dann werden die Menschen dich vermutlich ausnutzen. Es ist ganz einfach, sich ein Investmentkonto bei einer großen Bank einzurichten oder sogar ein Rentenkonto auf Ihrer Arbeit. Sie sollten Ihre Anlagemöglichkeiten kennen und wissen, in was sie investieren wollen und welche Art von Gebühren sie zahlen müssen.

Die Abzocke mit Gebühren kann Sie im Laufe Ihrer Investitionsreise Tausende oder sogar Hunderttausende kosten.

Sie sollte Grundkenntnisse darüber besitzen wie Aktien, Anleihen, Anlagefonds, Indexfonds und weitere Investmentmittel funktionieren. Schauen Sie sich drei Beispiele unten an:

Wenn Sie Aktien oder Anteile kaufen, dann kaufen Sie Eigentum an einer Firma. Große Unternehmen wie Apple haben Aktien in Milliardenhöhe im Umlauf. Wenn Sie also einfach eine oder zwei Aktien kaufen, dann gehört Ihnen nur ein sehr kleines Stück des Unternehmens.

Anleihen sind wie Schuldscheine, die ein Unternehmen oder staatliche Einrichtungen Ihnen geben, nachdem Sie Anleihen gekauft haben. Wenn Sie eine Anleihe kaufen, dann werden Sie einen legalen Vertrag eingehen, der sagt, dass Sie nicht nur

Ihr ursprüngliches Geld zurückbekommen, sondern auch häufige Zinszahlungen erhalten werden.

Ein Anlagefond, ist ein Fond, in dem verschiedene Investoren ihr Geld sammeln und dieses in einer Vielzahl von Sicherheiten investieren.

Haben Sie Ersparnisse

Haben Sie immer ein wenig Geld für Notfälle bereit. Investieren Sie nie all Ihr Geld. Es gibt immer ein Risiko, dass Sie all Ihr investiertes Geld verlieren werden.

Vergewissern Sie sich, dass Sie für Notfälle, Hausbau, Unterhaltung/Lebensmittel Geld für die Gründung eines eigenen Unternehmens und für das College gespart haben.

Vergessen Sie nicht, dass das Leben nicht vorhersehbar ist. Ihr Auto geht vielleicht kaputt oder Sie geraten in einen Unfall, der Sie mehr als nur Arztrechnungen kostet. Sie können nie vorbereitet sein, aber Sie können sich ein wenig Geld beiseite gelegen.

Teilen Sie Ihre Investments auf

Investieren Sie Ihr schwer verdientes Geld nicht nur in einem Unternehmen. Das ist sehr riskant, außer Sie gehen gerne Risikos ein (großes Risiko, große Belohnung die Art von Person).

Vergewissern Sie sich, dass das Geld, das Sie investieren, aufgeteilt ist, das heißt Sie haben nicht all Ihr Geld in eine Aktie gesteckt. Ein Anlagefond kann eine gute Lösung für Sie sein.

Anlagefonds ermöglichen es Ihnen, Ihr Geld mit anderen Investoren zusammenzuwerfen und in eine Vielzahl von Sicherheiten zu investieren.

Vor einem Jahrzehnt oder zwei gab es mal eine Firma, die Enron hieß und die Bankrott ging, nachdem man herausfand, dass die Firma mit Gewinnen und Profiten gelogen hatte. Viele Angestellte von Enron hatte all ihre Rente in das Unternehmen gesteckt. Als Enron Bankrott ging, verloren viele Angestellten ihre Rente. Stellen Sie sich vor, Sie sind in Ihren 50ern und Ihr Investment geht in Rauch auf.

Deswegen ist es immer klug, das Geld zu verteilen.

Seien Sie nicht emotional

Investieren kann buchstäblich eine emotionale Achterbahnfahrt sein. Das tägliche Auf und Ab des Aktienmarkts kann Sie schnell verrückt machen. Ein Weg diese Angst zu besiegen ist in die Firmen zu investieren, denen Sie vertrauen.

Dieses Vertrauen kommt mit dem Wissen, der Geduld und mit der Zeit. Wissen und die Akzeptanz, das Investments ein Risiko besitzen und Sie dabei Geld verlieren könnten, bereitet Sie mental für jegliche Abwärtstrends vor, die sie auf dem Aktienmarkt erleben können.

Verlassen Sie sich nicht auf Glück und Wunder

Wenn Sie den Aktienmarkt als eine Art sehen, um schnell reich zu werden, dann sollten Sie sich aufs Scheitern gefasst machen. Verstehen Sie mich nicht falsch, es ist möglich, $10k zu investieren und sie in Millionen zu verwandeln, das ist auch schon passiert.

Aber diese Anlagestrategie ist extrem risikoreich und die meisten Menschen sind mental besser gerüstet, den längeren und langsameren Prozess des Reichwerdens zu bewältigen.

Denken Sie daran, das Sie alles verlieren können

Wenn Sie alles verlieren können, warum sollten Sie dann überhaupt investieren? Tja, es gibt einen Grund, warum ich diesen Tipp hinzufüge. Zuerst einmal sollten Sie nicht all Ihr Geld in den Aktienmarkt stecken.

Wenn Sie noch jünger sind, können Sie mehr Risiko auf sich nehmen, weil Sie sich von frühen Verlusten schneller erholen. Aber wenn Sie im Rentenalter sind, sollten Sie daran denken, in mehr konservative Sicherheiten zu investieren, die nicht so schnell an wert zu nehmen wie Aktien, aber sie werden Ihr Geld auch davon abhalten, sich zu verringern.

Nebenerwerblich tätig sein

Außer ihrer Arbeit oder Karriere und Ihren Investitionen, was haben Sie noch, um ein wenig extra Geld hereinzubringen? In der heutigen Gesellschaft ist die Arbeitsplatzsicherheit auf einem historischen Tiefstand und viele Menschen sind entweder arbeitslos, unterbeschäftigt oder arbeiten Teilzeit, um die Rechnungen zu bezahlen.

Es ist zu Ihrem Vorteil, ein zusätzliches Geldeinkommen zu haben. Sie können halbtags arbeiten, um ein Extraeinkommen zu erhalten, aber die meisten denken daran, in Grundstücke, Dividenden-Aktien, Tantiemen (aus Buchverkäufen z. B.) und ihrem eigenen Geschäft zu investieren.

Wenn Sie eine Leidenschaft für Fotografie, Zeichnen oder Video Editieren haben, dann können Sie ein wenig Freelance Arbeit machen und das möglicherweise in einen Vollzeitjob verwandeln. Halten Sie immer Ihre Augen für neue Möglichkeiten offen.

Die beste Zeit zum Beginnen ist jetzt

Ich bekomme immer wieder Beschwerden von Personen, dass sie den Zeitpunkt verpasst haben und zu alt sind, um zu investieren. Das stimmt überhaupt nicht, es ist egal, ob Sie 20 oder 50 sind, es ist wichtig zu investieren, selbst wenn Sie mit einem kleinen Betrag beginnen.

Es gibt immer eine Möglichkeit, Geld auf dem Börsenmarkt zu verdienen. Das heißt jedoch nicht, dass Sie mit dem Geld, das Sie investiert haben, Tageshandel betreiben sollen, nur weil Sie alt sind und "dazuzugehören" wollen. Das ist nur ein Rezept für einen Reinfall, denn sie wären viel zu emotional involviert, um die richtigen Handelsentscheidungen zu treffen.

Dividende investieren

Ich verrate Ihnen ein kleines Geheimnis. Ich investiere nur in Dividende zahlende Unternehmen, welche ihre Dividenden schneller wachsen lassen als Inflation.

Dividende sind Verdienste eines Unternehmens, die sie an ihre Aktienhalter auszahlen. Um eine Dividende zu bekommen, müssen Sie mindestens eine Aktie in der Dividenden zahlenden Firma besitzen.

Diese Dividenden erhöhen mit der Zeit nicht nur den Wohlstand, sie geben dir auch ein wenig innere Ruhe aufgrund ihres beständigen Einkommensflusses.

Ich genieße nicht nur die Dividende, sondern ich sehe auch meine Aktie an Wert steigen. Jetzt kaufe ich diese Aktien, wenn sie **unterbewertet** sind, d. h., man handelt sie unter dem Marktwert.

Beispiele: Immobilien Einkommen, McDonalds, TROWE Price

Investieren in Wachstum

Ein Wachstumsinvestor ist ein Investor, der gerne günstig kauft und seinen Investments beim Wachsen zusieht. Sie verkaufen eventuell zu einem höheren Preis als den Einkaufspreis. Die Mehrheit der Investoren sind Wachstumsinvestoren.

Technologie Aktien sind gute Aktien, die man im Auge behalten sollte, denn diese neigen dazu, schnell an Wert zuzunehmen.

Beispiele: Facebook, Oracle, Microsoft

Fangen Sie klein an

Eine Beschwerde, die ich oft höre, ist die "Wenn ich nur eine Million Dollar hätte, könnte ich investieren."

Das stimmt nicht, Sie können auch mit $10 investieren, es wird auch empfohlen, klein anzufangen.

Der größte Grund, um klein anzufangen, ist, um sich an das Investieren zu gewöhnen. Wenn Sie nur mit sagen wir mal $100 angefangen haben und Sie sehen, wie Ihr Geld beständig steigt und fällt, dann macht es Spaß, sich täglich seine Anlageergebnisse anzusehen.

Sie werden auch anfangen, an Vertrauen und Wissen zu gewinnen, um klüger zu investieren, was Sie dazu führen wird, größere Mengen zu investieren.

Jetzt schauen wir uns das Ganze vom anderen Ende an. Sagen wir mal, Sie haben 1 Million Dollar geerbt und haben die Aufgabe, das Geld zu invistieren. Sie haben noch nie investiert, weil Ihnen immer gesagt wurde, dass Sie mehr Geld brauchen und jetzt endlich haben Sie es.

Und dann haben Sie zu viel Angst, um eine Million Dollar zu investieren. Sie haben weder die Erfahrung noch das Know-how.

Wenn Sie jahrelang kleine Beträge investiert haben und plötzlich diese $1 Million auf Ihrem Schoss liegen haben, dann werden Sie das Selbstbewusstsein haben, diese Summe zu investieren, weil Sie bereits bei den kleinen Beträgen gesehen haben, wie es funktioniert.

Leben Sie Ihr Leben

Lassen Sie den Börsenmarkt nicht Ihr tägliches Leben kontrollieren. Das tägliche Auf und Ab des Markts wirkt sich auf viele Investoren aus. Wenn der Markt auf einem Hoch ist, fühlen sich Investoren gut, sie gehen gut gelaunt zur Arbeit und gehen mit klarem Kopf schlafen.

Aber wenn die Märkte zusammenbrechen, fühlen sich viele Investoren, als hätte man sie in den Bauch getreten. Sie sind traurig, wütend, gereizt und einfach in schlechter Stimmung.

Werden Sie nicht zu bescheiden, sodass Sie all Ihr Geld in den Aktienmarkt investieren wollen und sich selbst sagen, dass sie ein gutes Leben haben werden, wenn Sie in Rente sind.

Wenn Sie in den Urlaub fahren wollen oder sich selbst etwas Schönes kaufen wollen, dann tun Sie es.

Bleiben Sie bei dem, bei dem Sie sich wohl fühlen

Jeder hat seine Komfortzone, wenn es ums Investieren geht. Einige Menschen sind Risikonehmer und würden gut in Kleinaktien oder Tageshandeln investieren. Andere Investoren sind da eher konservativ und würden eher in Sicherheiten investieren, die nicht zu risikoreich sind und die es ihnen ermöglichen, ihren Wohlstand zu bewahren.

Bleiben Sie immer bei dem, was für Sie angenehm ist. Wenn Sie nicht gerne analysieren und individuelle Aktien wählen, in die Sie investieren wollen, ist es wahrscheinlich das Beste in Anlagefonds oder Index Fonds zu investieren.

Wenn Sie jemand sind, der lieber nicht selbst investieren will und ein wenig Hilfe braucht, dann ist eine Investmentfirma, die vollen Brokerage Service anbietet, wahrscheinlich das Beste für Sie.

Vergewissern Sie sich, dass Sie immer mehr übers Investieren lernen, denn am Ende ist es Ihr Geld und Sie sind letztendlich verantwortlich für Ihre Rente.

Haben Sie Spaß

Ich werde der Erste sein, der Ihnen sagt, dass investieren recht langweilig und uninteressant sein kann. Manche Menschen wollen keine Unternehmen analysieren und nach finanziellen Zahlen schauen.

Sie sollten herausfinden, was Ihnen am meisten am Investieren gefällt und sich besonders darauf konzentrieren.

Vielleicht sehen Sie Ihr Geld gerne wachsen oder vielleicht gefällt es Ihnen, wie Ihr Dividenden Einkommen Monat für Monat ansteigt, oder vielleicht gefallen Ihnen auch andere Möglichkeiten, Geld zu verdienen wie z. B. Blankoverkauf oder Optionshandel. Was immer es ist, versuchen Sie Spaß beim Investieren zu haben

Nutzen Sie Technologie zu Ihrem Vorteil

Wir haben Glück, dass wir unseren Laptop oder sogar ein kleines Gerät wie unser Handy nutzen können, um Kapitalanlagen zu kaufen oder um nach Aktien zu suchen. Die fortgeschrittene Technologie hat es auch erschwinglicher und schneller gemacht, Kapitalanlagen zu kaufen.

Das heißt, Sie können Aktienanteile handeln, egal wo Sie sich auf der Welt befinden. Alles, was Sie brauchen, ist eine Internetverbindung.

In alten Zeiten mussten Sie noch Ihren Broker anrufen und eine sehr hohe Kommission zahlen, um eine Bestellung zu machen. Heutzutage haben Sie Apps wie Robinhood, die gebührenfrei sind.

Sie müssen sich auch nicht für ein vollständiges Brokerkonto anmelden. Sie können auch einen Rabatt Broker wie Ally.com benutzen, der niedrigere Handlungsgebühren anbietet.

Schauen Sie sich die Besten an

Warren Buffett, Benjamin Graham, Charlie Munger? Lesen Sie unbedingt Bücher über investierende Milliardäre, wie sie ihr ganzes Vermögen angehäuft haben und was sie tun, um es zu erhalten

So bekommen Sie eine Ahnung davon, wie die ganz Reichen denken und sich verhalten. Es wird Ihnen auch zeigen, wie manche Personen kleine Beträge in großen Wohlstand verwandelt haben. Jeder mag Geschichten vom Tellerwäscher zum Millionär.

Verlieben Sie sich nicht in Ihre Investments

Jedes Investment wird verkauft, wenn es nicht so läuft, wie es sollte. Das ist einer meiner Regeln. Ich lasse mich nicht von persönlichen Gefühlen leiten, wenn ich investiere.

Es macht Spaß, der Familie und den Freunden zu erzählen, dass mir Disney oder sogar Pepsi Aktien gehören, aber wenn diese Aktien kein Geld bringen, verkaufe ich sie.

Deswegen analysiere ich gerne die Finanzen einer Firma (jährlicher Bericht), um zu sehen, ob sie finanziell noch sicher sind.

Sie müssen wissen in was Sie investieren

Ehe Sie dem Ratschlag von jemandem folgen, besonders von irgendwelchen Finanzplanern vergewissern Sie sich, dass Sie wissen, in was Sie investieren wollen. Es gibt so viele Betrüger da draußen, denen nichts mehr gefällt als eine ahnungslose Person, die sie ausnutzen können, indem sie ein paar Fachbegriffe anwenden, die sich anhören, als wüsste sie eine Menge über das Thema.

Wenn Sie in Anlagefonds oder sogar in einen ETF investieren, vergewissern Sie sich, dass Sie das Tickersymbol dieses Unternehmens kennen, in das Sie investieren.

Einige Investoren möchten nicht so gern in Waffenfirmen oder Gefängnisse investieren, aber wenn Sie in bekannte Indexfonds investieren, dann neigen Sie auch eher dazu, in diese Unternehmen zu investieren. Würden Sie auch dann noch in ein Unternehmen investieren wollen, wenn es sich ethisch nicht korrekt verhält?

Brechen Sie die Regeln

Ich habe Ihnen gerade gesagt, Ihre eigenen Regeln zu erschaffen und jetzt sage ich Ihnen, sie sollen diese brechen? Ja, und ich sage Ihnen auch, warum. Sie sollten immer mit Ihrer Investitionsstrategie experimentieren. Es ist gut, Regeln zu haben, aber ab und zu sollten Sie sie auch brechen.

Investieren sollte Spaß machen und wenn Sie sich an strenge Regeln halten, dann kann es schnell sehr langweilig werden. Der Trick ist es, die Regeln zu brechen und kleine Risiken auf sich zu nehmen.

Wenn Sie zum Beispiel in Kryptowährung investieren wollen, aber eine Regel haben, nicht in hochriskante Wertpapiere zu investieren

Sie haben ein Bauchgefühl, das Sie mit diesem Investment gut fahren. Machen Sie weiter und kaufen Sie einen kleinen Betrag Kryptowährung. Geben Sie nicht 50% Ihres Portfolios für den Kauf dieser Währung aus.

Teilen Sie Ihr Wissen

Sobald Sie ein wenig Kenntnisse über das Investieren auf dem Aktienmarkt haben, haben Sie Ihre goldenen Regeln und sind selbstbewusst damit, Ihre Investierungsfähigkeiten einzusetzen, Sie sollten Ihr Wissen mit anderen teilen.

Sie können damit beginnen, Ihre Familie und Freunde zu informieren und sie mit dem Investieren vertraut machen.

Überraschenderweise gibt es viele Falschannahmen über das Investieren und viele Menschen haben sich mehrmals schon mit falschen Aktien die Finger verbrannt. Das endet normalerweise damit, dass sie für den Rest ihres Lebens vorsichtig sind und nicht mehr Hand an irgendwelche Investitionen legen wollen.

Hier kommen Sie ins Spiel und können Ihnen zeigen, wie Sie erfolgreich investiert haben.

Glauben Sie mir, es fühlt sich gut an in der Lage zu sein, einem Familienmitglied zu helfen und seine finanzielle Zukunft zu sichern. Mit Menschen über Ihre Erfahrungen im Investment zu sprechen, wird Ihnen auch erlauben, gleichgesinnte Investoren zu treffen, die Ihre Investmentfähigkeiten aufs nächste Level bringen.

Quellen

Im Folgenden eine Liste von kostenlosen Internetquellen, die Sie für Ihre Nachforschungen nutzen können:

Morningstar.com

Gurufocus.com

StockCharts.com

Finviz.com

Finance.Yahoo.com

Google.com/Finance

Denken Sie daran, diese kostenlosen Versionen zu nutzen.

Kapitel Zehn: Ideen für passives Einkommen (Bonuskapitel)

Lassen Sie uns einen Blick auf drei Methoden werfen, um ein passives Einkommen zu erzielen, das Sie in die finanzielle Freiheit katapultieren wird.

Wenn Sie unbedingt Ihren Job kündigen wollen und das Leben leben wollen, was Sie verdient haben oder einfach nur mehr Freiheiten haben wollen, das zu tun, was Sie tun wollen, dann wird Ihnen dieses Kapitel gefallen. Das passive Einkommen ist Einkommen, das Sie passiv erzeugen. Das Geld kommt also immer, egal ob Sie nicht arbeiten oder sogar schlafen.

Ich werde Sie nicht anlügen und Ihnen sagen, das es einfach ist, einen passiven Einkommensstrom zu erzeugen, aber es ist die Mühe wert. Denn sobald Sie diesen passiven Einkommensfluss eingerichtet haben, müssen Sie ihn nur noch passiv aufrecht erhalten.

Online Geschäfte

Die erste Methode, passives Einkommen zu erzielen ist ein online Geschäft. Dadurch können Sie Geld aus Werbung erzielen, während Sie bloggen oder Geld aus Ihrem YouTube Kanal erzielen. Sie können auch Ihre E-Commerce-Webseite einrichten oder die Produkte anderer Unternehmen verkaufen und eine Kommission erhalten, was man auch Partner-Marketing nennt.

Eine weitere beliebte Möglichkeit, passives Einkommen zu erzielen, ist der Erhalt von Lizenzgebühren-Schecks, indem Sie Bücher, eBooks, Musik oder Fotos verkaufen. Obwohl Sie mit diesen Ideen Geld verdienen können, gibt es einen Wettbewerb, denn online Geschäfte sind sehr beliebt und die Menschen unterschätzen oft, wie schwer es ist, mit solchen Ideen eine gute Menge Geld zu verdienen.

Bei dem ganzen Wettbewerb heißt es auch, dass der online Markt mit mittelmäßigen Produkten und Dienstleistungen überschwemmt ist. Selbst wenn Sie also mit den besten Produkten auf dem Markt aufwarten, werden Sie nicht herausstechen. Daher müssen Sie sich genau überlegen, wie Sie Ihre Produkte oder Leistungen ankurbeln wollen, damit sie sich von den mittelmäßigen Produkten abheben und der Anführer in Ihrer Branche werden.

Ich hebe noch einmal hervor, dass ein Produkt oder eine Dienstleistung alleine nur die Hälfte der Arbeit ist. Sie müssen auch sichtbar Werbung machen, egal ob durch Social Media Werbung, Klickvergütung oder Mund-zu-Mund Propaganda, das hängt von Ihnen ab.

Es ist immer gut, eine Wettbewerbsanalyse durchzuführen, um zu sehen, wie Ihre Konkurrenz ihre Produkte bewirbt.

Ein weiteres Problem mit online Geschäften ist Langlebigkeit. Viele dieser Geschäfte können von heute auf morgen verschwinden, weil der Wettbewerb sie einfach vom Markt geschubst hat, ihre Produkte oder Leistungen überholt sind oder die Eigentümer nicht mit den technologischen oder werbetechnischen Änderungen Schritt halten konnten und so nicht die notwendige Aufmerksamkeit bekamen, um relevant zu bleiben. Es geht also nicht darum, es einzurichten und zu vergessen, sondern es zu tun und zu pflegen.

Alles, was nicht als passiv angesehen wird, habe ich nicht mit in die Liste aufgenommen. Freelancing und Beratung funktioniert nur, wenn Sie körperlich anwesend sind, wenn nicht, werden Sie nicht bezahlt. Dies verfehlt den Zweck, ein passives Einkommen zu erzielen.

Grundbesitz

Die zweite Möglichkeit, passives Einkommen zu erzielen, sind Immobilien. Ich spreche nicht davon, Häuser zu verkaufen, das nimmt zu viel Arbeit in Anspruch. Außerdem ist es auch nicht passiv.

Der Fokus sollte auf Renditeobjekten liegen, die einen Cashflow haben. Das bedeutet, dass Sie nach Abzug aller Kosten einen Nettogewinn erwirtschaften.

Ihre Mieter zahlen Ihnen monatlich eine Miete. Mit diesen Mietzahlungen zahlen Sie die Hypothek (wenn eine da ist), Hausratsversicherungen, Steuern, Investitionsausgaben usw. Wenn Sie am richtigen Ort kaufen, den richtigen Grundstücksmanager beauftragen und nachrechnen, können Sie ein nettes festes Einkommen haben.

Je mehr Immobilien Sie kaufen und mit einer Hypothek belasten, desto höher wird Ihr Schuldenberg. Diese Anhäufung von Schulden wird auch Ihren Prozess behindern, für weitere Kredite genehmigt zu werden.

Das ist der Zeitpunkt, an dem Sie bei der Finanzierung Ihrer Einkäufe kreativ werden müssen. Private Kreditgeber oder Portfolio-Kreditgeber könnten zwei Optionen sein, die Sie ausprobieren sollten.

Die Mietzahlungen ermöglichen es Ihnen, passives Einkommen zu erhalten und je mehr Eigentum Sie haben, umso höher könnte Ihr passives Einkommen sein.

Es gibt auch viele Steuervorteile im Zusammenhang mit Immobilien. Das ist keine Methode, um schnell passives Einkommen zu erzeugen, aber es ist stabil und wächst gut mit jedem zusätzlichen Eigentum. Viele Millionäre schulden ihren Reichtum den Immobilien, dieser gibt Ihnen auch die Flexibilität und die Freiheit zu reisen und ihr eigener Chef zu sein.

Eine gute Möglichkeit, damit anzufangen, ist der Kauf von Einfamilienhäusern, Doppelhäusern, Triplexen oder Vierfamilienhäusern.

Sie können mit Immobilien anfangen oder sich im Franchising und Gewerbeimmobilien versuchen, sobald Sie die Kenntnisse und das Geld dafür haben.

Dividendentragende Aktien

Die dritte Möglichkeit und wenn Sie gut aufgepasst haben, wissen Sie, welche das ist: Passives

Einkommen durch Dividende zahlende Aktien erzielen.

Es gibt eine Gruppe von Firmen, die einiges ihres Nettoeinkommen als Dividende ihren Aktienhaltern zahlen. Nicht alle Unternehmen sind es wert, in sie zu investieren. Es wird also sehr empfohlen, die Leistung dieser Unternehmen zu analysieren.

Das Schöne am investieren in Dividende ist, dass Sie einen netten Strom an passiven Einkommen erzeugen, der schneller wachsen sollte als eine Inflation. Unternehmen erhöhen ihre Dividendenzahlungen, und indem Sie ständig die richtigen Dividendenaktien kaufen und diese Dividenden reinvestieren, um ganze oder Teilaktien zu kaufen, erhöhen Sie Ihr Dividendeneinkommen.

Denken Sie daran, dass Sie Steuern auf Ihr Dividendeneinkommen zahlen müssen, abhängig von der Art des Investmentskontos, das Sie benutzen.

Es ist auch sehr leicht, damit anzufangen, weil Sie nicht viel Geld brauchen. Sie können anfangen, indem Sie einen Teil einer Dividenden zahlenden Firma kaufen.

Viele der wohlhabenden Persönlichkeiten auf der Welt haben Dividende zahlende Unternehmen in ihrem Portfolio. Männer wie Warren Buffett, Charlie Munger und sogar Bill Gates.

Die letzten beiden Methoden zur Erzielung von passiven Einkommen, Immobilien und Investitionen bezeichne ich als "altes Geld", denn sie waren die Säulen der Schaffung und Erhaltung von Wohlstand.

Online Geschäfte können jedoch schwierig sein. In einem Monat können Sie viel Geld machen, aber im nächsten Monat kann es schon wieder das komplette Gegenteil sein. Wenn Sie schlau und auf der sicheren Seite sein wollen, sollten Sie Ihre Einkommensströme verteilen, so haben Sie immer Geld aus verschiedenen Quellen.

Kapitel Elf: Zusammenfassung

Als Anfänger kann das Investieren in den Aktienmark recht entmutigend sein, aber geben Sie nicht auf. Ich habe das ebenfalls durchgemacht und auch viele erfolgreiche Investoren haben sich schon so gefühlt, als sie ihre ersten Aktien gekauft haben. Sobald Sie ein wenig Vertrauen gefasst haben, wird es besser.

Es ist am besten, mit einem kleinen Geldbetrag anzufangen und die Ergebnisse zu überwachen. Das wird Ihnen das Selbstbewusstsein und die Motivation geben, schnell voranzukommen. Sobald Sie ein wenig Erfahrung gesammelt haben, können Sie anfangen auch kalkulierte Risiken einzugehen.

Wie immer müssen Sie sich ständig selbst weiterbilden, sonst werden Sie Fehler machen. Aber nur die reine Tatsache, dass Sie so weit gekommen sind, sagt mir, dass Sie gewillt sind, zu tun, was nötig ist, um Ihre finanzielle Zukunft zu verbessern.

Sie haben alles, was nötig ist, um erfolgreich zu werden und Ihre Zukunft mit Selbstvertrauen anzugehen.

Danke

Ich möchte Ihnen ganz herzlich danken, dass Sie mich auf dieser Reise zum Investieren begleitet haben. Es gibt viele Investmentbücher, aber Sie haben sich entschieden, diesem hier eine Chance zu geben.

Wenn Ihnen das Buch gefallen hat, dann brauche ich Ihre Hilfe!

Bitte nehmen Sie sich einen Moment Zeit und hinterlassen mir eine ehrliche Bewertung über dieses Buch. Das Feedback gibt mir ein gutes Verständnis darüber, welche Art von Bücher und Themen Leser lesen wollen und es wird meinem Buch auch mehr Sichtbarkeit verleihen.

Eine Bewertung zu hinterlassen, dauert weniger als eine Minute und wird sehr geschätzt.